Introducción

La actividad política central de la Feria Internacional del Libro de Venezuela de 2007 celebrada en Caracas fue un foro que se extendió por cinco días sobre el tema "Estados Unidos, una revolución posible".

La oportuna iniciativa del Centro Nacional del Libro de Venezuela al organizar este foro "abre el debate sobre una cuestión cuya respuesta, en la práctica, a fin de cuentas determinará el futuro de la humanidad o, quizás dicho con más exactitud, determinará si *habrá* un futuro para la humanidad", dijo Mary-Alice Waters en las palabras con que dio inicio a lo que resultó ser un debate de amplio alcance en ese evento.

Este folleto contiene la presentación inicial de Waters, así como reportajes del animado intercambio de cinco días tomados de las páginas del semanario socialista estadounidense el *Militante*. Waters, miembro del Comité Nacional del Partido Socialista de los Trabajadores y presidenta de la editorial Pathfinder, editó y escribió el prólogo al libro de Pathfinder *Cuba y la revolución norteamericana que viene*, por Jack Barnes, del cual hizo uso en sus comentarios. El libro —uno de los títulos recientemente publicados en Venezuela por Monte Ávila, una de las principales editoras de ese país— fue presentado en la feria en eventos patrocinados tanto por Monte Ávila como por Pathfinder.

Unos 22 participantes se dirigieron al foro realizado del 10 al 14 de noviembre, desde hace mucho tiempo casi todos ellos han formado parte de diversos movimientos de protestas sociales y partidos políticos en Estados Unidos. Algunos residen

1

actualmente en Venezuela, pero la mayoría viajó desde Norteamérica para participar en el foro. Criterios ampliamente divergentes y a menudo marcadamente encontrados fueron debatidos en el transcurso de lo que, salvo una excepción, fue un modelo de debate cortés para el movimiento obrero. El intercambio logró un grado insólito de claridad respecto de varias cuestiones políticas fundamentales. La resolución de esas cuestiones, en el curso de una lucha de clases de gran envergadura, decidirá si la clase trabajadora en Estados Unidos va a lograr transformarse en una clase encabezada por una vanguardia política de masas capaz de dirigir exitosamente a amplias capas de trabajadores y agricultores oprimidos y explotados en una lucha por el poder.

A la mayoría de las sesiones del foro central asistieron entre 125 y 150 personas. La importancia de los temas tratados en el debate de Caracas, sobre los cuales se informó en periódicos y en la radio y televisión de Venezuela, es lo que animó a Pathfinder a producir este folleto. El artículo en dos partes aquí reproducido, escrito por Olympia Newton, quien reportó sobre el foro para el *Militante*, describe el nutrido debate a medida que se desarrolló en torno a cinco temas centrales.

1. El peso e importancia de una nueva ola histórica de inmigración a Estados Unidos.

Durante las dos últimas décadas, millones de trabajadores de toda América y del resto del mundo han sido traídos a las minas, las fábricas, los campos y las industrias de servicios en Estados Unidos. Esto ha resultado en el fortalecimiento de la resistencia y combatividad de los trabajadores y agricultores frente a la campaña de los patrones, durante más de un cuarto de siglo, para acelerar brutalmente las líneas de producción, prolongar la jornada laboral y recortar salarios, prestaciones médicas y de jubilación, y la indemnización de trabajadores por incapacidad.

Esta inmigración, que va transformando a la vanguardia de la clase trabajadora estadounidense, es "el fenómeno político más importante en Estados Unidos", dijo Waters, a quien los organizadores del foro le habían pedido iniciar el panel el primer día. Ella señaló que millones de trabajadores se habían volcado a las calles por todo el país el Primero de Mayo los últimos dos años, tomando por sorpresa a los gobernantes de Estados Unidos. Esa "celebración obrera histórica está pugnando por renacer en Estados Unidos como jornada de *lucha*", dijo.

"Ha surgido en acción una vanguardia combativa de la clase trabajadora" en Estados Unidos y esta "ya está dejando su huella en la política y en la lucha de clases". Es una vanguardia obrera, no solo una vanguardia de inmigrantes, dijo Waters. Este es el mayor problema político a largo plazo que enfrentan los gobernantes estadounidenses, ya que la mano de obra de los trabajadores, tanto los nacidos en Estados Unidos como los nacidos en el exterior, es la principal fuente de la riqueza y el poder de las familias acaudaladas. Ellos han llegado a depender "completamente de esa reserva masiva de mano de obra superexplotada. Sin ella no pueden competir a escala mundial y acumular capital".

Por eso "la batalla por captar a la gran mayoría de la clase trabajadora y a la totalidad del movimiento obrero para que apoyen la legalización de los inmigrantes indocumentados es la cuestión política 'nacional' más importante en Estados Unidos", dijo Waters, "y es la batalla actual más grande rumbo a la acción política obrera independiente, hacia un partido obrero basado en un movimiento sindical combativo, militante".

Esta perspectiva, y un curso de acción para la vanguardia obrera que le sea consecuente, fue rechazada categóricamente por varios panelistas y por otros entre el público. Al tomar la palabra inmediatamente después de Waters,

Eva Golinger, abogada y autora venezolano-americana, planteó un criterio opuesto. Los trabajadores inmigrantes en Estados Unidos, lejos de ocupar un papel de vanguardia en la creciente resistencia ante la acelerada explotación patronal, dijo Golinger, solo quieren vivir en "una sociedad tan capitalista y consumista" y obtener el pedazo de pastel que les toca. Se creen lo que les dicen los noticieros de Fox News y CNN, agregó. "La gente no es pobre y hambrienta en Estados Unidos como lo era en Venezuela", alegó. "Te llegan dos o tres tarjetas de crédito en el correo cada día. Sí hay pobreza, pero solo en unos pocos sectores pequeños". Golinger afirmó que no compartía el "optimismo" de Waters de "que una revolución sí es posible en Estados Unidos".

En el curso de los cinco días, otros cuantos oradores expresaron un similar desdén hacia las decenas de millones de trabajadores de las Américas, África y Asia, obligados por las realidades económicas de la dominación imperialista en sus países de origen a hacer camino hasta Estados Unidos u otros países capitalistas económicamente avanzados. Para hacerlo, estos trabajadores a menudo arriesgan la vida para entrar a Estados Unidos en busca de trabajo, sobrevivir bajo condiciones de explotación intensa y enviar unos cuantos dólares a sus familias en sus países.

Según describe Newton en estas páginas, numerosos panelistas, entre ellos varios que habían emigrado a Estados Unidos, rebatieron esas opiniones con igual brío.

2. La batalla para unir a la clase obrera frente a las estrategias de divide-y-vencerás de la clase capitalista, sobre la cual se basa su dominio.

Como señaló Waters, una creciente crisis capitalista financiera y económica como la que hoy está comenzando "va a intensificar la batalla por el alma política de la clase trabajadora" ante los esfuerzos de los patrones de convertir a los inmigrantes, a los trabajadores negros o a las mujeres y demás en chivos expiatorios del creciente desempleo y de las condiciones económicas y sociales que empeoran.

Los trabajadores en Estados Unidos "enfrentan el mismo enemigo de clase", dijo Waters, "y las luchas tenaces sobre cualquier frente tienden a unir a los trabajadores ante los intentos de dividirnos". Más que nunca antes en la historia, destacó, hoy día una vanguardia combativa capaz de encabezar una lucha revolucionaria exitosa en Estados Unidos unirá a los trabajadores sin importar el color de la piel, el origen nacional o el género. A medida que luchamos hombro a hombro, "a los patrones les cuesta cada vez más ponernos a 'nosotros' contra 'ellos'", señaló. "Se posibilita más percibir que nuestros intereses de clase no son los mismos que los de 'nuestros' patrones, 'nuestro' gobierno o 'nuestros' dos partidos".

El panelista Amiri Baraka, escritor norteamericano que ha participado activamente en la política nacionalista negra, maoísta y del Partido Demócrata desde los años 60, expresó de la forma más aguda una contraposición a esta perspectiva. Baraka arguyó enérgicamente que "el privilegio blanco" ha descarrilado todas las luchas potencialmente revolucionarias en la historia de Estados Unidos, incluidos el poderoso ascenso obrero de los años 30 y el movimiento de masas que para fines de los 60 derrocó a la institución de segregación racial *Jim Crow* en el Sur. El hecho que "la izquierda blanca" no ha logrado organizar "blancos" para combatir el "privilegio blanco", dijo, ha significado el fracaso de todos los movimientos de cambio social.

En esta versión de la historia, el *race-baiting** alza su

---

* *Race-baiting* consiste en sostener o insinuar que las posiciones políticas, credibilidad o aptitudes de liderazgo de una o varias personas no merecen ser evaluadas objetivamente debido al color de su piel.— NOTA DEL TRADUCTOR

fea cabeza, en tanto que los "trabajadores blancos" con prejuicios racistas se convierten en la explicación de todas las derrotas. Lo que se omite es la responsabilidad que recae sobre los partidos estalinistas a nivel mundial, a partir de mediados de los años 30, por subordinar las luchas de las masas trabajadoras y de los oprimidos del mundo a los intentos de Moscú de buscar la coexistencia pacífica con los gobernantes imperialistas. En Estados Unidos eso significó desviar el gran movimiento social, surgido de la lucha para organizar los sindicatos industriales, canalizándolo para dar apoyo al Partido Demócrata. (En sus comentarios, Waters había señalado que, a raíz de esta maldirigencia política estalinista, "el potencial revolucionario de la gran radicalización de los años 30 fue derrochado y fue desviado en apoyo al 'Nuevo Trato' del capitalismo y luego de su sucesor inevitable, el 'Trato Bélico'... la matanza imperialista de la Segunda Guerra Mundial". Con el derrumbe de los regímenes estalinistas en la Unión Soviética y Europa oriental a finales de los 80 y principios de los 90, dijo, "ese enorme obstáculo político ya no se interpone en el camino hacia la acción política independiente de la clase trabajadora y el liderazgo socialista revolucionario").

Participantes entre el público señalaron ejemplos de huelgas y otras luchas recientes en Estados Unidos en que los patrones no han logrado sus objetivos con las estrategias de divide-y-vencerás que por tanto tiempo habían resultado eficaces. Al responder, Baraka dijo que no compartía la opinión expresada por otros de que las divisiones raciales se podían superar con tales luchas, porque a los "dirigentes blancos" lo que les interesa ante todo es proteger sus posiciones privilegiadas. En resumen, "el privilegio blanco" es más poderoso que los intereses comunes de clase.

3. *La ponzoña del odio antijudío y del 'agent-baiting'** *
dentro del movimiento obrero
y los movimientos de liberación nacional.

Durante el foro también se hizo frente a otros fuertes ataques a la integridad del movimiento obrero. Se insertaron los venenos del odio antijudío y del *agent-baiting*. Como siempre, estaban entrelazados con intentos de explicar la historia como obra de fuerzas poderosas y ocultas que conspiran contra los oprimidos y explotados, y no con el análisis científico defendido por Marx y Engels de que "la historia de todas las sociedades existentes hasta nuestros días es la historia de las luchas de clases". Ese punto de vista, presentado en el Manifiesto Comunista, ha sido desde entonces la base del movimiento obrero moderno.

Temprano en el foro, un participante que dijo que estaba de visita de Panamá, declaró desde el público que los judíos "tienen todo el dinero" y lo controlan todo: desde el sistema bancario internacional hasta los poderosos conglomerados mediáticos y la política exterior de Estados Unidos, en especial la política hacia el Medio Oriente. Este mito, que hoy día infecta a capas crecientes de liberales y radicales de clase media en Estados Unidos y demás países imperialistas, también se propugna ampliamente por toda Latinoamérica, incluso entre aquellos que, por lo demás, son firmes antiimperialistas.

El último día del foro, Baraka concluyó su presentación leyendo su poema sobre los acontecimientos del 11 de sep-

---

* La expresión *agent-baiting* se refiere a la práctica de intentar desprestigiar a activistas u organizaciones en el movimiento obrero o en luchas sociales más amplias al sostener o insinuar que son agentes policiacos. A veces esto asume la forma de sugerir que las posiciones o declaraciones políticas de un individuo supuestamente benefician al enemigo de clase y que, por tanto, dicha persona debe ser un policía o un provocador.—NOTA DEL TRADUCTOR

tiembre de 2001, titulado "Alguien hizo volar América". Ese escrito pregunta: "¿Quién sabía que el World Trade Center iba a ser bombardeado? / ¿Quién les dijo a los 4 mil trabajadores israelíes en las Torres Gemelas / Que se quedaran en casa ese día? / ¿Por qué se mantuvo alejado Sharon?"

Estas aseveraciones intolerantes, proclives a las conjuras, no solo niegan los hechos de lo que sucedió el 11 de septiembre sino que ocultan la sencilla verdad de cómo funciona el capitalismo. Ante todo, privan al pueblo trabajador del conocimiento y la confianza de que somos nosotros los hacedores de la historia: que nuestras propias acciones conscientes y revolucionarias, y solo eso, pueden quitar a las familias capitalistas gobernantes del poder e impedirles que hagan volar el mundo.

Tras los comentarios iniciales sobre los judíos ricos y todopoderosos, yo tomé la palabra para señalar que el odio antijudío sigue siendo una de las armas antiobreras más venenosas de las clases gobernantes, como lo ha sido durante el último siglo y medio. Al recordar sus horrendas consecuencias a manos de los gobernantes imperialistas alemanes en los años 30 y 40, subrayé el peligro mortal que significa para el movimiento obrero el negarse a combatir de forma intransigente cualquier y toda forma de usar como chivos expiatorios a los judíos, los latinos, los negros, los gitanos, los blancos o cualquier otra agrupación nacional o étnica.

El *agent-baiting* también fue introducido en el debate —la única excepción, como se señaló anteriormente, al debate cortés— y fue rebatido. Baraka acusó a uno de los panelistas con quien compartía la tribuna de ocultar que era "trotskista", y a otro de ser "agente" (de alguna potencia anónima) cuyo objetivo era instigar la movilización de un movimiento estudiantil reaccionario en las calles de Venezuela para derrocar al gobierno electo de Hugo Chávez.

Waters le respondió a Baraka. Agradeció a los organizadores de la feria del libro por facilitar la expresión de una amplia gama de opiniones como parte del foro, y subrayó que para que pueda darse un debate cortés, "el veneno del *agent-baiting* o del *race-baiting*" debe ser condenado por todos.

4. *La historia y el legado de luchas revolucionarias en Estados Unidos.*

"Jamás se ha dado una revolución en Estados Unidos, y el que crea que sí, es ignorante de su propia historia", alegó el periodista británico Richard Gott. Sostuvo que ni siquiera la primera revolución democrático-burguesa en Norteamérica a finales del siglo XVIII —que acabó con la dominación imperial que la monarquía británica y las clases terratenientes y mercantiles inglesas ejercían sobre las 13 colonias— había sido una revolución, sino simplemente un reaccionario hurto de tierras por parte de la burguesía colonial estadounidense.

Otros participantes del foro, especialmente varios de Venezuela y de otros países latinoamericanos, coincidieron con esa opinión. Algunos añadieron que la segunda revolución norteamericana, la Guerra Civil estadounidense de 1861–65 que abolió la esclavitud, tampoco había sido una revolución, ya que el Ejército de la Unión no movilizó desde un principio al seno de sus filas a los esclavos liberados.

El panelista Lee Sustar, director sindical del *Socialist Worker*, publicación de la Organización Socialista Internacional en Estados Unidos, ofreció una óptica distinta. "Estados Unidos fue creado por revoluciones", explicó Sustar. La Guerra Civil, sostuvo, fue la conclusión de la revolución democrático-burguesa que comenzó con la guerra para independizarse de la corona británica.

Amiri Baraka coincidió en que Estados Unidos ya ha

tenido dos revoluciones, pero arguyó tajantemente que la meta democrático-burguesa de esas revoluciones aún no se ha logrado. "La cuestión de la propiedad quedó resuelta. La esclavitud fue eliminada", dijo Baraka. "Pero la revolución democrática jamás se ha completado". Como prueba de esta afirmación, Baraka señaló que los negros carecen de igualdad y que no hay democracia en Estados Unidos. Muy convenientemente se hizo caso omiso del hecho que ninguna revolución democrático-burguesa, en ningún país del mundo, ha logrado jamás —o siquiera ha procurado lograr— la igualdad y la democracia para las mayorías oprimidas y explotadas.

5. Perspectivas revolucionarias para los trabajadores y agricultores en Estados Unidos hoy y mañana.

Tales cuestiones disputadas de la historia no eran discrepancias esotéricas sin importancia para el día de hoy. Quienes alegaron más enérgicamente que jamás había acontecido una revolución en Estados Unidos eran de los más vociferantes en insistir que el pueblo trabajador en Estados Unidos es incapaz de una lucha revolucionaria ahora o en el futuro. "La única esperanza es Latinoamérica", concluyó Richard Gott. Eva Golinger sostuvo que "la única forma de lograr cambios estructurales en Estados Unidos es de lograrlos aquí" en Venezuela.

Para Amiri Baraka la conclusión también era evidente. Si la revolución democrático-burguesa estaba incompleta, entonces lo que figura en el orden del día es la reforma burguesa. Planteó su programa para completar esa tarea como parte de un bloque con sectores de la burguesía negra. El programa que describió no tenía por objetivo impulsar una lucha revolucionaria de la clase trabajadora y sus aliados para arrebatar el poder a los gobernantes capitalistas. Más bien, ¡Baraka propugnó reescribir la constitución burguesa de Estados Unidos y remplazar el actual Congreso bicameral con un sistema parlamentario unicameral parecido a lo que existe en la gran mayoría de potencias imperialistas!

Nada podía contrastar de manera más aguda con las palabras iniciales de Waters de que "Sí, una revolución sí es posible en Estados Unidos. Una revolución socialista. Para decirlo en términos de clase, una revolución proletaria: el levantamiento social más amplio, más abarcador imaginable de los oprimidos y explotados, y la reorganización de la sociedad a favor de sus intereses…

"Es más, una *lucha* revolucionaria del pueblo trabajador por la senda que acabo de describir es *inevitable*". Pero lo que no es inevitable, subrayó Waters, "es el resultado de estas luchas revolucionarias que vienen… Por eso lo que hagamos *ahora* —qué tipo de núcleo de qué tipo de organización revolucionaria construimos hoy, mientras hay tiempo para prepararse— influye tanto".

✳ ✳ ✳

Estos fueron los importantes temas que se discutieron y debatieron en el foro de Caracas sobre "Estados Unidos, una revolución posible". Y la razón por la que este folleto resultará de mucho interés para otras personas, mucho más allá de quienes participaron en esa actividad.

Norton Sandler
Marzo de 2008

SOBRE LOS AUTORES

MARY-ALICE WATERS es miembro del Comité Nacional del Partido Socialista de los Trabajadores. Es directora de *New International* y presidenta de la editorial Pathfinder. Waters es la editora de la serie de 18 libros de Pathfinder sobre la Revolución Cubana en la política mundial y ha editado y contribuido con numerosos libros y folletos más de Pathfinder, entre ellos *Rosa Luxemburg Speaks* (Habla Rosa Luxemburgo), *El rostro cambiante de la política en Estados Unidos*, *El desorden mundial del capitalismo* y *Cosmetics, Fashions, and the Exploitation of Women* (Los cosméticos, la moda y la explotación de la mujer).

OLYMPIA NEWTON es la directora del *Militante* y es miembro del Comité Nacional del Partido Socialista de los Trabajadores.

NORTON SANDLER es miembro del Comité Nacional del Partido Socialista de los Trabajadores y veterano dirigente del trabajo sindical del partido. Organiza los esfuerzos de expandir la difusión de los libros y folletos de Pathfinder por toda América.

¿Es posible una revolución socialista en Estados Unidos?

MARY-ALICE WATERS

Primero, quiero agradecer al CENAL [Centro Nacional del Libro] y a los organizadores de la Feria del Libro de Venezuela de 2007 por el tema que escogieron para este evento. "Estados Unidos, una revolución posible" inicia la discusión sobre una cuestión cuya respuesta, en la práctica, a fin de cuentas decidirá el futuro de la humanidad o, quizás dicho con más exactitud, decidirá si *habrá* un futuro para la humanidad.

Hoy hablo aquí como una de una pequeña minoría, incluso entre los que se llaman personas de izquierda, o revolucionarios, una minoría que afirma sin vacilación o reservas: Sí, una revolución sí es posible en Estados Unidos. Una revolución socialista. Para decirlo en términos de clase, una revolución proletaria: el levantamiento social más amplio, más abarcador imaginable de los oprimidos y explotados, y la reorganización de la sociedad a favor de sus intereses.

Esta fue la primera presentación en el foro central realizado del 10 al 14 de noviembre durante la Feria Internacional del Libro de Venezuela de 2007, cuyo tema fue "Estados Unidos, una revolución posible".

Al profundizarse, esa lucha revolucionaria de masas ganará el apoyo de la *mayoría* de la clase trabajadora, de los pequeños agricultores y de sus poderosos aliados entre las nacionalidades oprimidas, las mujeres y demás. Será dirigida por una vanguardia de la clase trabajadora con una creciente conciencia de clase, cada vez más probada y más amplia.

En la tercera revolución norteamericana los trabajadores que son afroamericanos formarán una parte desproporcionadamente grande de la dirección.

Esa lucha revolucionaria le quitará el poder político y militar a la clase que hoy día lo ocupa, y movilizará la fuerza y la solidaridad —la humanidad— del pueblo trabajador en Estados Unidos tomando el lado de los oprimidos y explotados a nivel mundial.

Será una lucha que transformará a los hombres y mujeres que la llevarán hacia adelante a medida que luchen por transformar las retorcidas relaciones sociales legadas por el mundo "perro-come-perro" del capitalismo, relaciones que corroen la solidaridad humana y nos vuelven toscos a todos.

Es más, una *lucha* revolucionaria del pueblo trabajador por la senda que acabo de describir es *inevitable*. Será iniciada al principio no por los trabajadores y agricultores, sino forzada por los ataques de las clases propietarias, impulsados por la crisis. Y nuestras luchas estarán entrelazadas, como siempre, con la resistencia y las luchas de los productores oprimidos y otros explotados por todo el planeta.

Sin embargo, lo que *no* es inevitable es el resultado de estas luchas revolucionarias que vienen. Es ahí donde es decisiva la claridad política, la organización, disciplina y el calibre de la dirección proletaria. Por eso lo que hagamos *ahora* —qué tipo de núcleo de qué tipo de organización revolucionaria construimos hoy, mientras que haya tiempo para prepararse— influye tanto.

Quería afirmar esto al principio para que nuestra discusión aquí en este evento pueda compartir un vocabulario común. Es este el contenido significativo *de clase* que le doy a la muy abusada palabra "revolución".

Cuba y la revolución norteamericana que viene

Uno de los libros que Monte Ávila, una de las principales casas editoriales aquí en Venezuela, presenta en este festival lleva el nombre *Cuba y la revolución norteamericana que viene*. Lo escribió Jack Barnes y lo publicó primero la editorial Pathfinder. Lo menciono al comienzo, no solo para aplaudir a los directores de Monte Ávila por su perspicacia política, y quizás audacia, al publicarlo. Lo que es más importante, quiero presentar el tema de ese libro como parte de nuestra discusión.

Cuba y la revolución norteamericana que viene no es un libro que trata principalmente sobre la Revolución Cubana que triunfó el 1 de enero de 1959, aunque sí es un libro sobre el impacto mundial de esa revolución. Ante todo, como señala la contraportada, es un libro "sobre las luchas del pueblo trabajador en el corazón del imperialismo, sobre los jóvenes que se ven atraídos a estas luchas y sobre el ejemplo ofrecido por el pueblo de Cuba de que la revolución no solo es necesaria, sino que se puede hacer.

"Trata sobre la lucha de clases en Estados Unidos, donde hoy día las fuerzas gobernantes descartan las capacidades revolucionarias de los trabajadores y agricultores de forma tan rotunda como descartaron las del pueblo trabajador cubano. Y de forma igualmente errada".

El libro destaca una afirmación hecha por el dirigente cubano Fidel Castro hace casi 47 años, en la víspera de la invasión a Cuba organizada por Washington en la Bahía de Cochinos.[1]

Ese fallido ataque de abril de 1961 fue sin duda el error de cálculo más grande que ha cometido el imperialismo en la historia de nuestro hemisferio, error que fue producto de una colosal arrogancia de clase y ceguera de clase por parte de aquellos que se consideraban los dueños por derecho de todo lo que producían juntos la tierra y las masas trabajadoras de Cuba. Ese error de cálculo terminó en Playa Girón con la gloria de la primera derrota militar de Washington en América.

Un mes antes, en marzo de 1961, Fidel dijo ante una jubilosa multitud de trabajadores, campesinos y jóvenes cubanos, "Primero se verá una revolución victoriosa en los Estados Unidos que una contrarrevolución victoriosa en Cuba".

En esa época, muchos de nosotros, de ambos lados del estrecho de Florida, sabíamos que esa declaración no era una bravata hueca, y que Fidel no estaba mirando en una bola de cristal. Él hablaba como dirigente que ofrecía —que *promovía*— una línea de lucha para toda nuestra vida. Él estaba abordando la pregunta de "¿Qué hacer?", tanto en Cuba como en Estados Unidos.

Cada generación sucesiva de revolucionarios hemos llevado desde entonces esas palabras en nuestro estandarte, con la decisión de acercar el día en que se puedan cumplir.

Hoy, ese estandarte lo mantienen en alto los cinco cu-

---

1. El 17 de abril de 1961, 1500 mercenarios nacidos en Cuba, organizados y armados por Washington, invadieron Cuba por Bahía de Cochinos en la costa sur. Los invasores fueron derrotados en menos de 72 horas por las milicias y las fuerzas armadas y policía revolucionarias. El 19 de abril los últimos invasores se rindieron en Playa Girón, que es el nombre que utilizan los cubanos para designar la batalla.

"La Revolución Cubana que triunfó el 1 de enero de 1959, sentó ejemplo de que la revolución no solo es necesaria, se puede hacer. Tuvo un impacto poderoso y duradero en una generación de jóvenes trabajadores y estudiantes en Estados Unidos sumamente activos en la lucha de masas que se extendía contra la segregación racial Jim Crow".

Arriba: Detroit, Michigan, abril de 1961: línea de piquetes convocada por el Comité Pro Trato Justo a Cuba condena invasión a Cuba por Bahía de Cochinos por 1500 mercenarios nacidos en Cuba, organizados y armados por Washington.
Abajo: Combatientes cubanos victoriosos celebran derrota, en menos de 72 horas, de invasores contrarrevolucionarios.

"Por medio siglo, el pueblo trabajador de Cuba ha mantenido a raya al imperio más poderoso de la historia. Hoy día su determinación combativa se aprecia en los cinco revolucionarios cubanos que Washington mantiene como rehenes en sus prisiones para castigar al pueblo cubano por rehusar rendirse".

Arriba: Milicianas cubanas se preparan a defender la revolución ante amenaza de ataque militar norteamericano durante la "crisis de los misiles" de octubre de 1962. *Abajo*: Manifestación en Washington, D.C., para exigir la libertad de los Cinco Cubanos, septiembre de 2006.

banos revolucionarios que ya van cumpliendo su décimo año de prisión en Estados Unidos, donde el gobierno norteamericano los mantiene como rehenes como una forma más de tratar de castigar al pueblo de Cuba por negarse a rendirse.[2]

Esta nueva edición de *Cuba y la revolución norteamericana que viene* está dedicada a ellos. "A Gerardo, Ramón, Antonio, Fernando y René: Cinco productos ejemplares de la Revolución Cubana quienes hoy día, si bien contra su voluntad, sirven con honor en las primeras filas de la lucha de clases en Estados Unidos".

Nuestras discusiones y acciones en el foro aquí van a hacer que avance la lucha por su libertad.

¿Un mundo capitalista libre de crisis?

Hoy, quisiera sobre todo dirigir mis palabras, con todo el debido respeto, a quienes dudan que la revolución socialista en Estados Unidos es posible… a quienes creen, o temen, que el imperialismo norteamericano es demasiado poderoso, y que la revolución se ha convertido, en el mejor de los casos, en un sueño utópico.

---

2. En septiembre de 1998, el FBI anunció 10 arrestos, diciendo que había descubierto una "red de espionaje cubana" en Florida. En junio de 2001, cinco acusados —Fernando González, René González, Antonio Guerrero, Gerardo Hernández y Ramón Labañino— fueron declarados culpables de "conspiración para actuar como agente extranjero no inscrito". Guerrero, Hernández y Labañino también fueron declarados culpables de "conspirar para cometer espionaje", y Hernández de "conspirar para cometer asesinato". Las sentencias fueron desde 15 años, a una doble cadena perpetua más 15 años. Los cinco revolucionarios —cada uno de los cuales ha sido nombrado "Héroe de la República de Cuba"— habían aceptado tareas para mantener informado al gobierno cubano acerca de grupos contrarrevolucionarios en Estados Unidos que planearan ataques terroristas contra Cuba. El caso de los cinco ha generado un amplia campaña internacional para denunciar las duras condiciones de su encarcelamiento y exigir su libertad.

A los que abrigan esas dudas, les planteo una pregunta: ¿Qué presuposiciones sobre el futuro, explícitas o implícitas, podrían justificar tal conclusión? ¿Cómo tendría que parecer el futuro?

Espero que otros aquí aborden también esta cuestión. Pero me gustaría dar mi respuesta.

Para llegar a esa conclusión, habría que convencerse de que las próximas décadas se van a parecer más o menos a lo que muchos de los que estamos aquí conocimos por casi medio siglo tras la Segunda Guerra Mundial.

Habría que creer que no volverán a haber crisis económicas, financieras o sociales de la magnitud de las que marcaron la primera mitad del siglo XX. Que las familias dominantes del mundo imperialista y sus brujos económicos han encontrado la forma de "manejar" el capitalismo al punto de excluir crisis financieras aplastantes que pudieran conducir a algo parecido a la Gran Depresión, a ataques crecientes contra los derechos económicos, sociales y políticos del pueblo trabajador, a guerras interimperialistas que se propaguen, al ascenso de nuevos movimientos fascistas de masas en las calles. Que tal crisis del sistema capitalista ya no iría a ser enfrentada por una resistencia obrera como el movimiento social de masas que estalló en Estados Unidos en los años 30 y que forjó los sindicatos industriales.[3]

Habría que convencerse de que está disminuyendo la competencia entre los rivales imperialistas, así como la competencia entre estos y las potencias semicoloniales económicamente más avanzadas, y que sus tasas de ganancias

---

3. Una descripción vívida de la crisis social capitalista de los años 30 y un ejemplo a estudiarse de la respuesta obrera se puede encontrar en la serie de cuatro tomos por Farrell Dobbs: *Rebelión Teamster, Poder Teamster, Teamster Politics* (Política Teamster) y *Teamster Bureaucracy* (Burocracia Teamster), publicados por Pathfinder.

"**Para concluir que no es posible una revolución socialista en Estados Unidos, habría que creer que las familias dominantes han encontrado la forma de 'manejar' el capitalismo de modo que ya no habrán crisis económicas, financieras o sociales capaces de sacudir al mundo**".

Las ejecuciones hipotecarias de las casas de trabajadores se seguían acumulando conforme los empleados huían de la sede de Bear Stearns en Nueva York el 14 de marzo de 2008, día en que el quinto banco de inversiones más grande de Estados Unidos se desplomó, amenazando con el derrumbe de todo el sistema crediticio mundial.

PRENSA ASOCIADA

REPORTAGEBILD

"Los primeros cañonazos de la Tercera Guerra Mundial ya los dejamos atrás hace década y media. Estamos viviendo las primeras etapas de lo que serán muchas décadas de guerras imperialistas sangrientas".

Arriba: Familiares de anciano y uno de dos niños muertos en ataque organizado por Washington contra aldea en Afganistán, noviembre de 2007. *Abajo*: Tropa de coalición encabezada por Washington durante Guerra del Golfo, 1990–91.

—que han estado en una larga tendencia de descenso desde mediados de los años 70— ahora van a empezar a ascender durante varias décadas por una curva acelerada.

Habría que creer que ese cambio de dirección en su acumulación de capitales se puede lograr sin la destrucción masiva de capacidad productiva —humana y física— causada por décadas de guerra, como las que culminaron con la matanza interimperialista de la Segunda Guerra Mundial. Eso fue necesario para que los gobernantes capitalistas salieran de la última gran depresión.

Creo que las pruebas demuestran contundentemente que el futuro que enfrentamos es lo contrario. ¡Nada más leamos los titulares de esta última semana! Pensemos en lo que está pasando desde Wall Street hasta Pakistán, desde Moscú hasta Teherán, desde la bolsa de valores en Shanghai hasta las minas de oro cada vez más profundas en Sudáfrica, hasta el sistema bancario mundial.

Los primeros cañonazos de la Tercera Guerra Mundial ya los dejamos *atrás* hace década y media. Ya estamos viviendo las primeras etapas de lo que serán muchos años de guerras sangrientas, empezando con guerras como las de Iraq, Afganistán y de nuevo en Iraq. De eso se trata la "transformación" de la estructura y estrategia militar de Washington.

Se acercan años de crisis económicas y financieras, de las cuales la actual crisis de las hipotecas subprimas —que aún se propaga— y el globo de deudas más masivo aún, dentro y fuera de los balances financieros, del que forma parte, apenas ofrecen un indicio.

Se acercan años que van a traer una resistencia cada vez más consciente y organizada por parte de una vanguardia creciente de trabajadores, echados contra la pared por el empeño de los patrones de recortar salarios y aumentar lo que ellos llaman productividad.

"Ha surgido en acción una vanguardia combativa de la clase trabajadora. No es simplemente una vanguardia de inmigrantes. Es una vanguardia obrera que se ha desarrollado en respuesta a la ofensiva antiobrera de los patrones. Es el problema más grande que enfrenta la clase dominante de Estados Unidos".

Arriba: Familias de trabajadores confrontan a agentes de inmigración tras redada de la planta procesadora de carne de la Swift en Greeley, Colorado, diciembre de 2006. Más de 250 trabajadores fueron separados de sus familias y montados en aviones; a 75 los deportaron a México el mismo día y al resto los encarcelaron en Texas.

Se acercan años marcados por batallas callejeras con movimientos ultraderechistas que apuntan contra combativos militantes sindicalistas, socialistas revolucionarios, negros, inmigrantes, judíos y demás... hasta en las democracias burguesas más "estables".

Se acercan años de crisis económicas, sociales y políticas y de intensificadas luchas de clases que sí van a terminar en la Tercera Guerra Mundial, inevitablemente, *si* la única clase capaz de hacerlo, la clase trabajadora, no logra quitar el poder estatal —y así el poder de librar guerras— de las manos de los gobernantes imperialistas.

Una vanguardia obrera combativa

En Estados Unidos, ya se pueden percibir los contornos de estas batallas que vienen. El cambio histórico no está por delante; ya ocurrió.

El fenómeno político más importante en Estados Unidos es algo de lo cual uno muy rara vez ve imágenes en su televisión o lee en la prensa. Sin embargo, su fuerza se ha visto expresada por los millones de trabajadores que se han volcado a las calles en ciudades y pueblos grandes y pequeños por todo lo ancho del país el Primero de Mayo en los últimos dos años, en tanto esa celebración obrera histórica está pugnando por renacer en Estados Unidos como jornada de *lucha*.

Ha surgido en acción una vanguardia combativa de la clase trabajadora en Estados Unidos, tomando por sorpresa a la clase dominante, según se refleja en sus divisiones y debates acalorados sobre la política migratoria. Esa vanguardia ya está dejando su huella en la política y en la lucha de clases.

Este cambio histórico se ha manifestado más y más en huelgas y batallas de sindicalización en fábricas y centros de trabajo desde California hasta Iowa, desde Georgia a Utah.

Trabajadores, tanto inmigrantes como nacidos en Estados Unidos, se han mantenido firmes, hombro a hombro —a veces en las calles, a veces dentro de sus fábricas, y a veces frente a las casas de sus vecinos— al confrontar redadas de la policía de inmigración que detiene a individuos para deportarlos o bajo cargos de "robo de identidad" en un intento de intimidar a todos. No solo a todos los inmigrantes, sino en realidad a todos los trabajadores.

Esta no es simplemente una vanguardia "inmigrante", aunque en estos momentos esté compuesta en gran medida por trabajadores que nacieron fuera de Estados Unidos, en especial originarios de México y Centroamérica. Sin embargo, los trabajadores que se ayudan unos a otros para esconderse de la migra en las fábricas, y que se ocupan de los niños cuando detienen a los padres, no solo son inmigrantes.

Esta es una vanguardia *obrera*. Al comienzo es pequeña en relación con el tamaño de la clase trabajadora en su conjunto. Pero no surge de la nada. Se ha desarrollado en respuesta a la ofensiva antiobrera de los patrones del último cuarto de siglo, la cual ha reducido los salarios y todas las prestaciones sociales, que ha impuesto ritmos de producción que literalmente atentan contra la vida, y que niega a los trabajadores la sencilla dignidad en el trabajo y fuera del trabajo.

Parte de esta ofensiva han sido los intentos frecuentemente organizados por los patrones de asegurarse una reserva cada vez más grande de trabajadores indocumentados —con bajos salarios y no sindicalizados— para cumplir sus necesidades de mano de obra y al mismo tempo tratar de dividir y estratificar más a la clase trabajadora. Para hacer que cada trabajador individual se sienta solo y aislado, no como parte de una clase poderosa y decidida.

No se trata de dar un cuadro color de rosa de la lucha

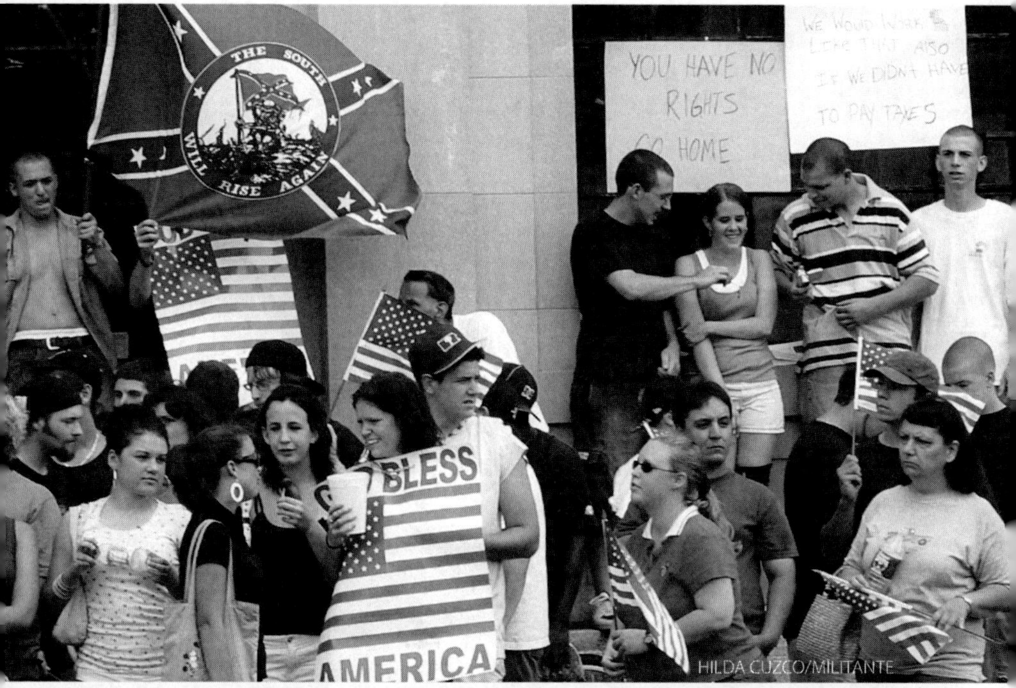

HILDA CUZCO/MILITANTE

MILITANTE

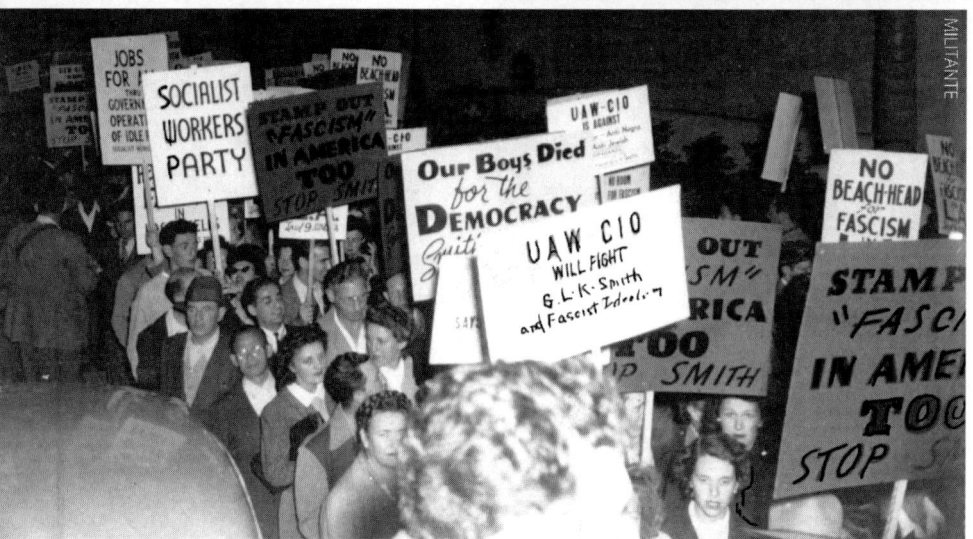

"Los años que vienen los puntearán batallas callejeras con movimientos ultraderechistas que harán blanco de militantes sindicalistas combativos, socialistas revolucionarios, negros, inmigrantes, judíos y demás".

Arriba: Ultraderechistas confrontan mitin pro derechos de inmigrantes en Riverside, Nueva Jersey, 20 de agosto de 2006. *Abajo*: Línea de piquetes en Los Ángeles, 1945, convocada por sindicalistas y organizaciones obreras contra el dirigente fascista estadounidense Gerald L.K. Smith.

de clases en Estados Unidos. No pretendo convencerlos de que la clase trabajadora está a la ofensiva ni nada que se aproxime a eso.

Por el contrario, es la clase patronal la que sigue a la ofensiva. La mayoría de las batallas obreras terminan en derrotas o en empates, en el mejor de los casos. Los sindicatos —que organizan a un porcentaje cada vez menor de los que trabajan en Estados Unidos— se convierten cada vez más en instrumentos de los colaboradores de los patrones entre la cúpula sindical. Esto quedó demostrado una vez más en las últimas semanas con los miserables convenios negociados con los magnates de la industria automotriz, con los que se liberó a los patrones de la responsabilidad de las futuras necesidades médicas de los jubilados y se capituló ante las demandas patronales a favor de una escala salarial más baja para los empleados nuevos, quienes trabajarán lado a lado con los empleados actuales *haciendo los mismos trabajos*.

No es de asombrarse que hoy día en Estados Unidos menos del 7.5 por ciento de los trabajadores en la industria privada están sindicalizados: comparado con la cifra hace medio siglo, cuando representaban casi la tercera parte de la fuerza laboral privada. Y se sigue reduciendo.

Pero nada de esto es nuevo.

Lo que sí es nuevo, lo que sí está cambiando, lo que sí es de importancia histórica, es el carácter, composición y dinámica cambiantes de la clase trabajadora en Estados Unidos. Ese es el problema más grande que enfrenta la clase dominante de Estados Unidos. Para ellos, en última instancia, es una crisis más grande que Iraq o Afganistán: porque es más perdurable.

Los gobernantes capitalistas pueden retirarse, y en determinado momento se van a retirar, temporalmente de uno u otro frente en la "guerra global contra el terrorismo".

Pueden hacer y harán reajustes en sus relaciones con sus rivales europeos, y negociar componendas con Rusia o China. Aún tienen mucho campo para maniobrar.

Pero la clase trabajadora en Estados Unidos, incluido su creciente componente inmigrante —de quienes unos 12 millones portan documentos que no son aceptados ni por la policía ni por los tribunales— eso es algo distinto. Es la fuente de la mayoría de su plusvalía, que a la vez es la fuente de sus ganancias, su riqueza, su posición y su poder estatal. Ellos dependen completamente de esa reserva masiva de mano de obra superexplotada. Sin ella no pueden competir a escala mundial y acumular capital.

Y este hecho subraya la creciente confianza, combatividad y politización de algunas capas en el seno del amplio movimiento obrero en Estados Unidos hoy día.

La batalla para captar a la gran mayoría de la clase trabajadora y a la totalidad del movimiento obrero para que apoyen la legalización de los inmigrantes indocumentados es la cuestión política "nacional" más importante en Estados Unidos, y es la batalla actual más grande rumbo a la acción política obrera independiente, hacia un partido obrero basado en un movimiento sindical combativo, militante.

Y sí es una batalla. Muchos trabajadores —blancos, negros, asiáticos, todos— están influenciados por la virulenta campaña antiinmigrante de algunos sectores de la clase dominante. De forma muy similar a lo que hizo la lucha contra la segregación racial Jim Crow en los años 50 y 60, y como hace aún la lucha continua contra el racismo y todas las formas de discriminación, esta es una cuestión que está decidiendo, y que seguirá decidiendo, el futuro del movimiento obrero.

Uno de los frentes más cruciales en esta batalla, hay que hacer énfasis, se da en el seno de la comunidad negra, donde las estrategias de "divide y vencerás" de los gobernantes frecuentemente encuentran un eco… a pesar de que la experiencia de vida y la memoria histórica preparan a la gran mayoría de los trabajadores afroamericanos como aliados naturales de los que luchan por los derechos de los inmigrantes.

Los trabajadores en Estados Unidos, donde sea que hayan nacido, enfrentan el mismo enemigo de clase, y las luchas tenaces sobre cualquier frente tienden a unir a los trabajadores ante los intentos de dividirnos. Y es lo que sí está comenzando a suceder.

La masiva marcha nacional, dirigida por negros, en Jena, Louisiana, hace dos meses por parte de unos 20 mil manifestantes —negros, blancos, latinos y otros más, tanto nativos como inmigrantes— quienes protestaban contra el trato injusto impuesto por las cortes a seis adolescentes negros en ese pueblo, es un buen ejemplo de las formas en que la creciente resistencia proletaria en Estados Unidos ya se ha expresado en el fortalecimiento de una vanguardia combativa más amplia. Fue la primera acción nacional de este tamaño y carácter en décadas en Estados Unidos, y la marcha en Jena indudablemente se alimentó de la fuerza de las recientes movilizaciones del Primero de Mayo y actividades relacionadas.

Muchos de los jóvenes trabajadores latinos que participaron con orgullo en esa acción estaban aprendiendo de primera mano, por primera vez, acerca de la historia de luchas del pueblo trabajador en Estados Unidos contra la opresión negra. Y la acogida entusiasta que les brindaron sus compañeros de marcha les impactó de manera poderosa.

No van a cesar los intentos de los patrones de convertir a los trabajadores inmigrantes —entre otros— en chivos expiatorios para garantizar que dispondrán de una reserva de mano de obra superexplotada. Cualquier crisis económica aguda va a intensificar la batalla por el alma política de la clase trabajadora en torno a esta y otras cuestiones.

Sin embargo, a diferencia de épocas anteriores en la historia de Estados Unidos, cuando la clase dominante logró dividir de forma radical al pueblo trabajador de acuerdo a la raza y al origen nacional —por ejemplo, después de la derrota de la Reconstrucción Radical tras la Guerra Civil, o después de la Primera Guerra Mundial— es precisamente la internacionalización sin precedentes de la fuerza de trabajo, el enorme alcance de la migración obrera, la cual eclipsa las grandes olas del siglo XIX y de comienzos del siglo XX, lo que constituye hoy una de nuestras mayores fuerzas.

Aprendemos de las tradiciones de lucha que se juntan desde todas partes del mundo. A medida que luchamos hombro a hombro, a los patrones les cuesta cada vez más ponernos a "nosotros" contra "ellos". Se posibilita más percibir que nuestros intereses de clase no son los mismos que los de "nuestros" patrones, "nuestro" gobierno o "nuestros" dos partidos.

Continuidad revolucionaria

A medida que se perfilan las próximas décadas de crisis más profundas y de una lucha de clases cada vez más intensa, tenemos una ventaja más. El potencial revolucionario de la gran radicalización de los años 30 fue derrochado y fue desviado en apoyo al "Nuevo Trato" del capitalismo y luego de su sucesor inevitable, el "Trato Bélico", la matanza imperialista de la Segunda Guerra Mundial.

Eso fue posible gracias a los recursos y el atractivo de una poderosa casta social burocrática en la URSS que se disfrazaba de dirección comunista a nivel mundial. Hoy día, sin embargo, ese enorme obstáculo político ya no se interpone en el camino hacia la acción política independiente de la clase trabajadora y el liderazgo socialista revolucionario.

El imperialismo ya no puede depender de eso para imponer la coexistencia pacífica, las "esferas de influencia" por todo el mundo. Y los dirigentes más combativos y valientes de las luchas obreras, de los movimientos de liberación nacional, de la juventud que se radicaliza, ya no se verán atraídos a esa negación estalinista de todo por lo que lucharon Marx, Engels y Lenin, creyendo equivocadamente que eso es comunismo.

Las lecciones de la Revolución Rusa y de la Internacional Comunista bajo Lenin serán buscadas una vez más, a medida que nuevas generaciones de luchadores de vanguardia busquen experiencias históricas de las cuales puedan aprender no solo a luchar, sino a luchar *para vencer*.

Por eso, a medida que estas batallas se profundicen políticamente, también se buscará más y más la verdadera historia de la Revolución Cubana.

¿Por qué la Revolución Cubana ha seguido un curso completamente distinto en los últimos 20 años, rescatando y fortaleciendo su revolución socialista, mientras hacían implosión los regímenes burocráticos de Europa oriental y de la Unión Soviética, a los que muchos erróneamente creían que Cuba se parecía?

¿Cómo ha logrado el pueblo cubano mantener a raya al imperio más poderoso que la historia ha conocido jamás —o que conocerá jamás— durante casi 50 años?

¿Por qué, a pesar de décadas de luchas por todo el continente, Cuba hasta el día de hoy sigue siendo el único territorio libre de América?

El afirmar este hecho no es menospreciar el espacio que ha sido conquistado por el pueblo venezolano en estos últimos años, ni el nuevo terreno que aún se está tomando en la lucha. Simplemente reconoce el hecho indiscutible que lo que será el 1 de enero de Venezuela, todavía lo tenemos por delante, no por detrás. Que lo que será el desafío de

"Al profundizarse las luchas del pueblo trabajador, nuevas generaciones de luchadores de vanguardia en el mundo van a buscar experiencias históricas de las que puedan aprender no solo cómo luchar, sino cómo luchar para vencer. Las lecciones de las revoluciones rusa y cubana serán buscadas una vez más".

Arriba: Soldado habla al consejo ("soviet") de soldados y marinos durante Revolución Rusa; en octubre de 1917, la clase obrera, dirigida por el Partido Bolchevique, derrocó al régimen de capitalistas y terratenientes; los soviets de trabajadores, campesinos y soldados devinieron el nuevo gobierno. *Abajo*: Libros y folletos con lecciones de más de 150 años de lucha obrera revolucionaria mundial estuvieron a la disposición en stand de Pathfinder en la feria del libro de Venezuela de 2007.

una Playa Girón para los trabajadores venezolanos, todavía lo tenemos por delante y no por detrás.

Es en busca de respuestas a estos problemas candentes que libros como *La Primera y Segunda Declaración de La Habana* —que Pathfinder está presentando aquí en esta feria del libro—[4] y *Nuestra historia aún se está escribiendo: la historia de tres generales cubano-chinos en la Revolución Cubana* se leen a nivel mundial con tanto interés. Sí, la revolución socialista es posible. Se puede defender. Se puede impulsar aun frente a nuestros enemigos más poderosos.

Como ha demostrado en la práctica el pueblo cubano, un mundo mejor en efecto es posible. Pero de una forma radical o perdurable, únicamente a través de una revolución socialista.

Lo que está en juego y que se plantea en las cuestiones que estamos discutiendo aquí en este foro es incalculable. No solo enfrentamos la destrucción de la salud, bienestar y medio ambiente del planeta y de toda la humanidad trabajadora: la destrucción de la tierra y del trabajo, las fuentes de todo el progreso y la cultura humana. Esas son y serán las consecuencias inevitables y devastadoras del funcionamiento del capitalismo. Los límites que podamos imponer a esas consecuencias son y solo pueden ser producto secundario de nuestra lucha revolucionaria. En caso que fracasemos, podemos estar seguros que en

---

4. En la feria se realizaron presentaciones de libros bien atendidas en torno a *Cuba y la revolución norteamericana que viene* por Jack Barnes, *La Primera y Segunda Declaración de La Habana*, *Malcolm X habla a la juventud* y dos libros por Thomas Sankara: *Somos herederos de las revoluciones del mundo* y *La emancipación de la mujer y la lucha africana por la libertad*. *Nuestra historia aún se está escribiendo* tuvo una acogida similar en la anterior feria del libro de Venezuela un año antes. Estos y cientos de títulos más de Pathfinder en español, inglés y otros idiomas estuvieron disponibles a los participantes de la feria del libro de Caracas.

última instancia todos enfrentamos también un futuro de devastación nuclear.

Cada lucha revolucionaria, en cualquier parte del mundo —y la de aquí en Venezuela no es la menos importante— es una parte vital de la batalla internacional. Pero hasta que los trabajadores y agricultores le quiten el poder a Washington, y se desarme así decisivamente al imperialismo yanqui, nada estará resuelto de manera perdurable.

Por eso no es nada insignificante contestar: Sí, la revolución no solo es posible en Estados Unidos, sino que viene. Sí, las luchas revolucionarias están a la orden del día... pero su resultado depende de nosotros. Sí, luchar hombro a hombro con otros que están decididos a triunfar por este camino representa la vida más significativa posible.

"El tema de este evento, 'Estados Unidos, una revolución posible', abre un debate sobre una cuestión cuya respuesta a fin de cuentas decidirá el futuro de la humanidad".

Arriba: Primer día del foro. Al micrófono Mary-Alice Waters, presidenta de la editorial Pathfinder. Y, desde la izquierda, la abogada y autora Eva Golinger y el moderador Luis Bilbao, periodista argentino. *Abajo*: Último día del foro. Habla el escritor Amiri Baraka. Los otros son, desde la izquierda, el profesor de meditación Dada Maheshvarananda, el investigador Steve Brouwer, el moderador Iván Padilla, viceministro venezolano de cultura para el desarrollo humano, y la poetisa Amina Baraka.

Perspectivas de revolución en Estados Unidos
Un debate necesario

OLYMPIA NEWTON

I

CARACAS, Venezuela—Los primeros dos días de la Tercera Feria Internacional del Libro de Venezuela, realizada del 9 al 18 de noviembre, se han visto marcados por la expansión de la alfabetización y del acceso popular a la cultura en este país, así como por el debate político suscitado por el tema de la feria: "Estados Unidos, una revolución posible".

Hay una gran variedad de libros a la venta, desde colecciones de poesía hasta libros sobre historia de las luchas contra el dominio colonial español en Sudamérica, libros de cocina y obras sobre el papel de la Revolución Cubana en el mundo actual. Unas 800 presentaciones de libros y realizaciones artísticas ofrecen un espacio donde trabajadores y demás pueden intercambiar sobre literatura, arte

Estos artículos sobre el foro "Estados Unidos, una revolución posible", se basan en los aparecidos en inglés en los números del 26 de noviembre y 3 de diciembre de 2007 y en español el 10 de diciembre en el *Militante*, un semanario socialista.

y política. Participan cerca de 200 casas editoriales.

"El renacimiento de la cultura que se celebra aquí tiene un significado especial, dados todos los libros y librerías que fueron incendiados durante los años de dictadura en nuestros países", dijo Alicia Castro, embajadora de Argentina en Venezuela, en la inauguración. Se refería a los brutales regímenes militares que gobernaron muchos países de Latinoamérica en las décadas de 1960 y 1970. Argentina, que desde 1976 hasta 1983 sufrió una de las tiranías más asesinas, es este año el país de honor de la feria.

Como reflejo de los programas del gobierno venezolano para preservar las lenguas y culturas de los pueblos indígenas, la ceremonia inaugural se inició con la presentación de un coro infantil que entonó el himno nacional en el idioma del pueblo anu. El ministro de cultura Francisco Sesto y el vicepresidente Jorge Rodríguez fueron los oradores principales. Rodríguez describió la ampliación de la edición y difusión de libros en Venezuela en los últimos años, y la campaña de alfabetización que ha enseñado a más de un millón de trabajadores y campesinos a leer y escribir.

'Estados Unidos, una revolución posible'

Ramón Medero, presidente del Centro Nacional del Libro, saludó la participación en la feria de muchos individuos activos en una gama de movimientos sociales, en especial quienes vinieron de Estados Unidos. También presentó el tema de la feria, "Estados Unidos, una revolución posible". Al explicar que la actividad central de la feria es un foro continuo de cinco días sobre ese tema, Medero señaló la importancia de que los participantes debatirán y afirmarán "no solamente si una revolución es posible en Norteamérica, sino que es posible".

El debate de una semana contó con 22 panelistas, activistas políticos y escritores de Estados Unidos, así como

"La feria del libro se vio marcada por los recursos que el gobierno venezolano está dedicando a la expansión de la alfabetización y el acceso popular a la cultura".

Arriba: Presentación de danza durante feria del libro. *Abajo*: Asistentes a la feria hojean centenares de títulos de editoras venezolanas en el stand principal de la feria del libro.

con un número de ciudadanos estadounidenses que viven en Venezuela. Cuatro o cinco panelistas hablaron cada día, debatiendo perspectivas políticas diversas.[5] Cientos de venezolanos y otros más participaron en una o más sesiones, en las que decenas plantearon cuestiones e hicieron comentarios desde el público. El foro recibió cobertura de la televisión, radio y prensa venezolanas. Los temas debatidos sobre el carácter de la clase trabajadora y las perspectivas de revolución en Estados Unidos desataron un debate político que impregnó a la feria del libro.

La primera sesión del foro, a la que asistieron 150 personas, fue el 10 de noviembre. Las panelistas de la sesión matutina fueron Mary-Alice Waters, miembro del Comité Nacional del Partido Socialista de los Trabajadores y presidenta de la editorial Pathfinder, y Eva Golinger, abogada venezolano-americana y autora de *El código Chávez* y *Bush versus Chávez*.

Los panelistas vespertinos fueron el periodista estadounidense Chris Carlson, quien contribuye regularmente a la página web www.venezuelanalysis.com, y Tufara Waller, coordinadora del programa cultural del Centro Highlander

---

5. Además de los panelistas mencionados en este recuento, otros incluyeron a Charles Hardy, ex sacerdote maryknoll quien ha vivido por muchos años en Venezuela; el profesor de ciencias políticas en la Universidad de Minnesota August Nimtz; el ex profesor de la Universidad de Colorado Ward Churchill; Dada Maheshvarananda, activista, escritor y monje oriundo de Estados Unidos que vive en Caracas; y William Blum, un escritor sobre la historia de operativos de la CIA.

Algunos oradores invitados a participar en el foro no pudieron hacerlo durante el evento, pero se sumaron al debate en los días siguientes. Un programa del 17 de noviembre presentó a Kathleen Cleaver, ex vocera nacional del Partido de las Panteras Negras. Después de la conclusión del foro se exhibió un video con una entrevista a Noam Chomsky, el autor, anarquista y profesor de lingüística, y se distribuyó un folleto que contenía la traducción de sus comentarios.

en Tennessee y directora del proyecto "We Shall Overcome" (Venceremos). Sus presentaciones y el intercambio que siguió desde el público iniciaron un debate sobre varios de los temas disputados de la forma más aguda.

"Hoy hablo aquí como una de una pequeña minoría, incluso entre los que se llaman personas de izquierda, o revolucionarios, una minoría que afirma sin vacilación o reservas: Sí, una revolución sí es posible en Estados Unidos. Una revolución socialista", dijo Waters, la primera oradora. "Es más, una *lucha* revolucionaria del pueblo trabajador por la senda que acabo de describir es *inevitable*. Será iniciada al principio no por los trabajadores y agricultores, sino forzada por los ataques de las clases propietarias, impulsados por la crisis".

Waters dijo que se dirigía a los que consideran una revolución socialista imposible en Estados Unidos, "un sueño utópico". Esa conclusión, dijo, tiene que basarse en la premisa de que "las próximas décadas se van a parecer más o menos a lo que muchos de los que estamos aquí conocimos por casi medio siglo tras la Segunda Guerra Mundial".

"Habría que convencerse de que está disminuyendo la competencia entre los rivales imperialistas, así como la competencia entre estos y las potencias semicoloniales económicamente más avanzadas, y que sus tasas de ganancias —que han estado en una larga tendencia de descenso desde mediados de los años 70— ahora van a empezar a ascender durante varias décadas por una curva acelerada", dijo. "Que ese cambio de dirección en su acumulación de capitales se puede lograr sin la destrucción masiva de capacidad productiva —humana y física— causada por décadas de guerra, como las que culminaron con la matanza interimperialista de la Segunda Guerra Mundial. Eso fue necesario para que los gobernantes capitalistas salieran de la última gran depresión".

Se desarrolla una vanguardia obrera

La crisis económica del capitalismo impele la ofensiva patronal contra la clase trabajadora en Estados Unidos, dijo Waters, y estos ataques están generando resistencia. Mencionó las manifestaciones masivas del Primero de Mayo de los últimos dos años, que reivindicaron la legalización de los inmigrantes indocumentados, como muestra del inicio del desarrollo de una vanguardia obrera.

Dijo que la movilización de decenas de miles contra la injusticia racista de manos de la policía y los tribunales en Jena, Louisiana, en septiembre fue "la primera acción nacional de este tamaño y carácter en décadas" y que "indudablemente se alimentó de la fuerza de las recientes movilizaciones del Primero de Mayo".

En este contexto, dijo Waters, "las lecciones de la Revolución Rusa y de la Internacional Comunista bajo Lenin serán buscadas una vez más", como también lo será la verdadera historia de la Revolución Cubana, "a medida que nuevas generaciones de luchadores de vanguardia busquen experiencias históricas de las cuales puedan aprender no solo a luchar, sino a luchar *para vencer*".

"¿Cómo ha logrado el pueblo cubano", dijo, "mantener a raya al imperio más poderoso que la historia ha conocido jamás —o que conocerá jamás— durante casi 50 años? ¿Por qué, a pesar de décadas de luchas por todo el continente, Cuba hasta el día de hoy sigue siendo el único territorio libre de América?"

En su presentación Golinger dijo, "Tengo que discrepar con que Cuba es el único territorio libre de América. Porque aquí en Venezuela también somos libres, o nos estamos liberando". Pronosticó que el paquete de enmiendas constitucionales apoyadas por el gobierno será aprobado en el referéndum del 2 de diciembre a pesar de la campaña de la oposición pro-imperialista, y señaló que es un ejemplo de cómo "nos estamos liberando con el enemigo viviendo en la misma casa".[6]

Golinger agregó, "no comparto el mismo optimismo de que una revolución sí es posible en Estados Unidos". Golinger, quien ha residido en Venezuela desde 1999, dijo que en sus preparativos para la feria del libro había conversado "con Noam Chomsky de cómo el proceso de cambios tendrá que ser muy lento en una sociedad tan capitalista y consumista".

La población en Estados Unidos se vuelve insensible a las condiciones de sufrimiento, dijo Golinger, porque "es muy fácil cambiar de canal. La gente no es pobre y hambrienta en Estados Unidos, como lo era en Venezuela. Te llegan dos o tres tarjetas de crédito en el correo cada día. Sí hay pobreza, pero solo en unos pocos sectores pequeños".

En cuanto al movimiento por la legalización de los inmigrantes, dijo Golinger, "Aunque están reclamando el derecho de ser reconocidos, sin embargo, es para vivir dentro de un sistema capitalista y consumista".

"La única forma de lograr cambios estructurales en Estados Unidos es de lograrlos aquí", en Venezuela, dijo. "Luego vamos para allá y podemos decir, 'Mira a la Revolución Bolivariana, lo que hemos logrado. Ustedes pueden hacer lo mismo'".

Se entabla el debate

Tras las dos presentaciones se ha dado una discusión muy animada y los temas presentados el primer día se han debatido acaloradamente en otras actividades de la feria del

---

6. El referéndum del 2 de diciembre de 2007 en torno a un paquete de 69 enmiendas constitucionales fue derrotado con un margen de 51 a 49 por ciento, con una alta tasa de abstenciones.

libro también. Las palabras de Golinger reflejan opiniones ampliamente difundidas aquí de que hay pocas esperanzas de un cambio revolucionario en Estados Unidos.

La mayoría de los que tomaron la palabra en la primera ronda del debate expresaron dudas de dicha posibilidad. Varios oradores venezolanos dijeron de diversas formas que el nivel de vida de Estados Unidos es demasiado elevado para que haya resistencia, o que los medios de difusión capitalistas le han lavado el cerebro a la gente.

Algunos participantes de Estados Unidos ofrecieron un criterio diferente. "No me considero idiotizado", dijo Diógenes Abreu, un activista dominicano que vive en Nueva York. "Ni considero idiotizados a los millones que viven en Estados Unidos y se oponen a su política".

"Pero tampoco comparto el mismo optimismo de Mary-Alice", dijo Abreu. "Si como dijo ella, menos del 7.5 por ciento de los trabajadores del sector privado están organizados y la clase trabajadora tiene que estar en la dirección de una revolución, ¿cómo puede decir que es posible más temprano que tarde?"

"La gente con la que trabajo nunca ha leído a Noam Chomsky", dijo Tufara Waller del Centro Highlander. Al referirse a los trabajadores en Nueva Orleans que aún enfrentan el desastre social producido tras el huracán Katrina, y a los cultivadores de tabaco en Carolina del Norte que luchan para no perder sus tierras, señaló, "Es gente que pasa hambre, que comprende que tiene que luchar para vivir". Y hay mucha gente en Estados Unidos que tampoco tiene tarjetas de crédito, añadió Waller.

Sistema bipartidista

La discusión continuó en la tarde, iniciada por Waller y Chris Carlson. Oriundo de Colorado, Carlson ha vivido en Venezuela los últimos tres años.

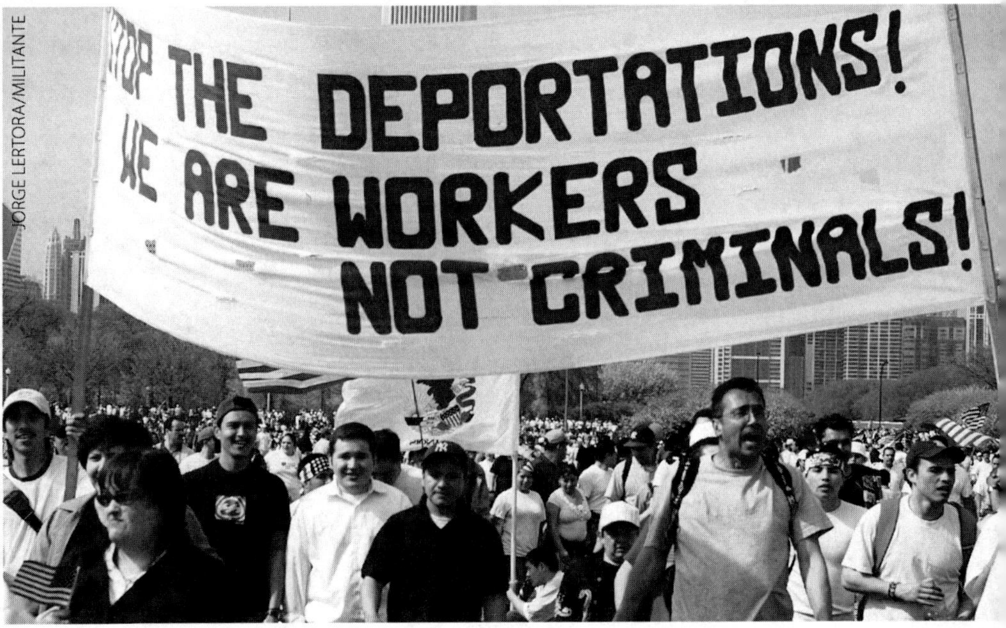

"La batalla para captar a la gran mayoría de la clase trabajadora y del movimiento obrero a apoyar la legalización de los inmigrantes es la cuestión política 'nacional' más importante en Estados Unidos. Va a determinar el futuro del movimiento obrero".

Arriba: Primero de Mayo de 2007, Chicago, 150 mil reivindican legalización de todos los inmigrantes. *Abajo:* Protestan 20 mil en Jena, Louisiana, septiembre de 2007, y exigen justicia para los 6 de Jena. La acogida brindada a los trabajadores inmigrantes de América Central que participaron en la marcha asestó un golpe a prejuicios empleados por patrones para dividir y debilitar al movimiento obrero.

BEN O'SHAUGHNESSY/MILITANTE

FILVEN

"Lo que está en juego en las cuestiones que debatimos es incalculable. Hasta que los trabajadores y agricultores quiten el poder a Washington y se desarme decisivamente al imperialismo yanqui, no se resolverá nada perdurable".

Panelistas y público debaten temas en intercambio de cinco días, "Estados Unidos, una revolución posible". *Arriba*: Un participante usa la palabra. En mesa de oradores, desde la izquierda: ex sacerdote maryknoll Charles Hardy; Bernardo Álvarez Herrera, embajador de Venezuela en Estados Unidos; moderador José González, presidente del Fondo Cultural del ALBA; profesor de la Universidad de Minnesota August Nimtz. *Abajo, izquierda*: Tufara Waller, directora del programa cultural en Centro Highlander en Tennessee. *Abajo derecha*: Chris Carlson, periodista estadounidense que vive en Venezuela; Luis Bilbao, moderador.

"Muchos venezolanos, incluso el presidente Chávez, dicen que Bush es el problema", dijo. "Pero Bush no es el problema. Es simplemente producto de un sistema dominado por las grandes corporaciones". Carlson utilizó una presentación con PowerPoint para documentar que tanto el partido Demócrata como el Republicano en Estados Unidos están financiados por las mismas grandes empresas.

Los contendientes a las nominaciones de los partidos Demócrata y Republicano para las elecciones presidenciales de 2008, dijo Carlson, presentan básicamente las mismas perspectivas: continuar la guerra en Iraq, mantener el embargo económico contra Cuba y la hostilidad hacia Venezuela. Los candidatos ahora están debatiendo el sistema médico, dijo, pero ninguno propone otra cosa que no sea mantener el sistema de salud como una institución de lucro a expensas del bienestar de millones de personas.

Waller describió la historia del Centro Highlander y sus proyectos actuales para organizarse para combatir la degradación del medio ambiente, las intolerables condiciones de trabajo y la discriminación racista.

"Si ambos partidos están tan dominados por los monopolios, ¿por qué el pueblo no se subleva contra ellos?", le preguntó una participante venezolana a Carlson. Aludiendo a la idea muy difundida entre los círculos de izquierda en Estados Unidos de que las elecciones de 2000 fueron robadas por los partidarios de Bush en Florida, Carlson dijo que la mayoría de la gente en Estados Unidos no lo ve así y "la mayoría considera a la administración Bush como un gobierno legítimo".

Un joven venezolano que recientemente había regresado tras vivir en Estados Unidos tomó la palabra durante la discusión. Describió la escuela a la que asistió en un barrio obrero de Alabama. "El sistema educativo no tiene nada que ver con la enseñanza", dijo. Los jóvenes con los que fue a la escuela quieren cambiar la sociedad pero no saben por dónde empezar.

"Este foro solo es el comienzo de muchos días de discusión sobre estos temas", dijo el moderador Luis Bilbao, periodista argentino, al concluir el primer día.

II

Entre los temas debatidos en el foro de cinco días, el debate más agudo se concentró primero en el impacto e importancia de millones de trabajadores inmigrantes latinoamericanos en Estados Unidos. Y, segundo, en la historia de luchas revolucionarias del pueblo trabajador en Estados Unidos y las lecciones de esas luchas para las perspectivas revolucionarias. De manera notable, la discusión registró que quienes viven y participan en la lucha de clases en Estados Unidos en general expresaron una mayor confianza que los que viven fuera de Estados Unidos —tanto ciudadanos estadounidenses como participantes latinoamericanos— en las capacidades revolucionarias del pueblo trabajador en ese país.

Varios de los panelistas participan activamente en la labor de ampliar los derechos de los inmigrantes en Estados Unidos. Entre ellos estaba Diógenes Abreu, organizador comunitario nacido en República Dominicana quien ahora vive en Nueva York; Luis Rodríguez, activista chicano en el Valle de San Fernando en California; y Gustavo Torres, organizador del grupo pro derechos de inmigrantes Casa de Maryland. Varios de ellos presentaron descripciones vívidas y precisas de las condiciones de vida de los trabajadores inmigrantes en Estados Unidos y la creciente resistencia y confianza manifestada en las huelgas y las continuas movilizaciones callejeras contra las redadas y deportaciones.

Tanto Torres como Antonio González, presidente del Proyecto para la Educación e Inscripción de Votantes del Sudoeste, dijeron que el camino al "poder" consiste en organizar a los latinos para votar. "¿Qué hace un revolucionario hoy en Estados Unidos?", preguntó González. "Tomar el poder dondequiera que pueda" eligiendo latinos para cargos públicos municipales, estatales y federales. Los gráficos que proyectó en provecho de todos mostraban el creciente número de votantes y funcionarios electos latinos.

Durante los períodos de discusión un día tras otro, varios participantes de Venezuela y de otras partes de América Latina estuvieron en desacuerdo con las pruebas de que los trabajadores inmigrantes que resisten la superexplotación que encaran en Estados Unidos son una fuerza importante de la vanguardia obrera que está emergiendo allá. De distintas maneras, varios dijeron que los latinoamericanos que viven y trabajan en Estados Unidos sencillamente están allá para lograr "un pedazo del pastel".

"Solo están ahí para conseguir pasaportes", dijo un participante. "Una vez que los tengan, dejarán de marchar". Muchos hablaron con un desdén apenas solapado hacia los trabajadores inmigrantes como vendidos que se han creído lo del "sueño americano" en vez de luchar por cambios políticos, económicos y sociales en América Latina.

En la discusión, Carlos Samaniego, un trabajador de una procesadora de carne en Minnesota, rebatió este punto de vista. Describió el papel de vanguardia que los trabajadores inmigrantes están desempeñando en las luchas en Estados Unidos: desde las minas del carbón en el Oeste hasta las luchas sindicales en los mataderos del Medio Oeste.

Herencia revolucionaria estadounidense
La otra cuestión debatida de forma acalorada fue la historia revolucionaria de trabajadores y agricultores en

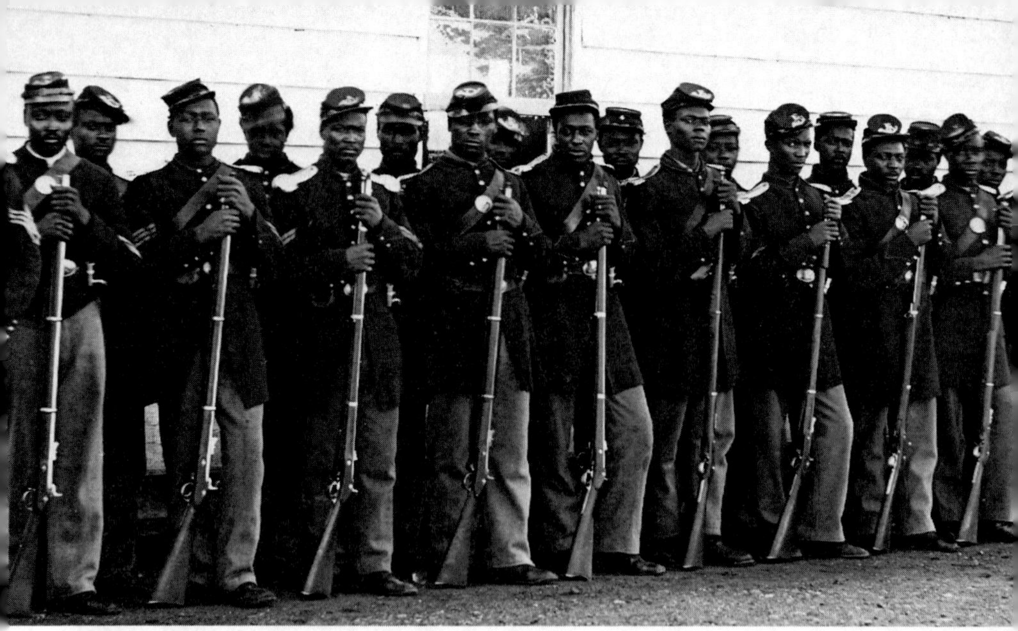

FOTOS: BIBLIOTECA DEL CONGRESO

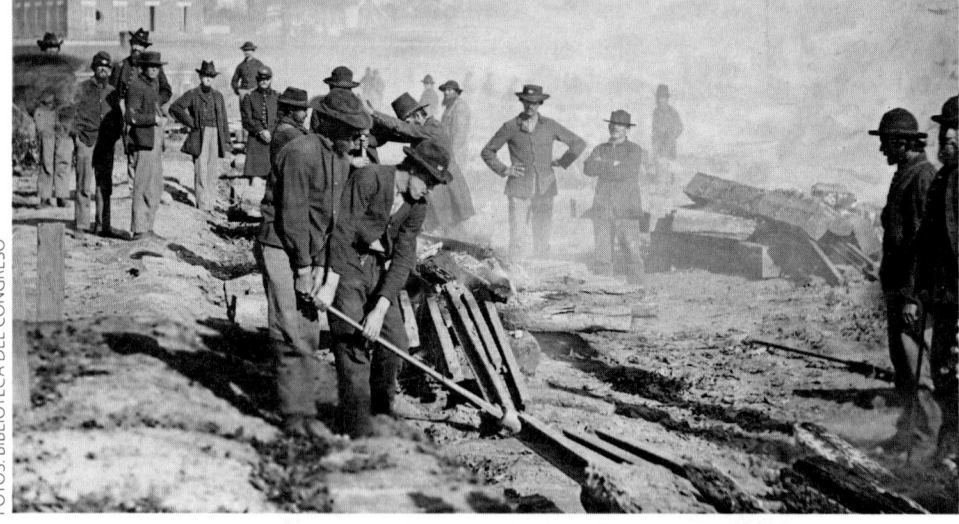

"¡Nunca ha habido una revolución en Estados Unidos y nunca la habrá!", dijo un participante. La historia revolucionaria del pueblo trabajador en Estados Unidos y las perspectivas de una tercera revolución norteamericana, una revolución socialista, fueron debatidas acaloradamente en el foro de Caracas.

Arriba: Soldados negros, en su mayoría esclavos liberados, durante la Guerra Civil de 1861–65, la segunda revolución norteamericana. *Abajo*: Soldados federales destruyen vías férreas en Georgia durante la "Marcha al mar" del Ejército de la Unión dirigida por el general William T. Sherman, 1864. La ofensiva partió a la Confederación en dos y ayudó a romperle el espinazo a la esclavocracia.

Estados Unidos y, por extensión, las perspectivas para una tercera revolución norteamericana, una revolución socialista.

"Estados Unidos fue creado por revoluciones", dijo el panelista Lee Sustar, editor sindical del periódico *Socialist Worker* que refleja las opiniones de la Organización Socialista Internacional. Al hablar en la sesión del 13 de noviembre, se refirió a la Guerra Civil estadounidense como "la conclusión de la revolución democrático-burguesa" que había conquistado la independencia de las 13 colonias británicas unos 80 años antes.

"Jamás se ha dado una revolución en Estados Unidos, y el que crea que sí, es ignorante de su propia historia", respondió el panelista Richard Gott, autor y periodista británico. Gott dijo que la revolución norteamericana que derrotó al régimen colonial británico no se podía considerar una revolución. Más bien fue una guerra para quitar la tierra a las tribus de indígenas norteamericanos, cuyo territorio, dijo, lo estaba protegiendo el ejército real británico.

"No, una revolución no es posible en Estados Unidos", dijo Gott. "Es conservador y reaccionario. La única esperanza es América Latina".

"Quiero expresar que estoy totalmente de acuerdo", interpuso Haiman El Troudi, moderador del panel del día. "¡Nunca ha habido una revolución en Estados Unidos y nunca la habrá!" El Troudi ha ocupado varios puestos en el gobierno de Chávez y escrito libros entre los que están *Ser capitalista es mal negocio* e *Historia de la revolución bolivariana*.

"Es imposible que una revolución empiece en Estados Unidos", dijo un participante venezolano desde el público. Señaló lo que considera la complicidad de los trabajadores estadounidenses en las guerras de Washington contra Iraq y Afganistán como prueba de que allá el pueblo trabajador está insensibilizado ante la injusticia.

Sin embargo, en comentarios durante el panel del 11 de noviembre, el ex marine y fundador de Veteranos de Iraq contra la Guerra, Jimmy Massey, describió su propia evolución desde patriota pro guerra hasta opositor incondicional de la guerra en Iraq. Repasó las experiencias cotidianas en Iraq que lo condujeron a oponerse a las políticas de Washington en Medio Oriente y a organizar compañeros soldados a hacer lo mismo.

Otra idea frecuentemente expresada por participantes del público y por varios panelistas fue que "el cambio tiene que venir del Sur", refiriéndose principalmente a América Latina. Muchos dijeron que la única esperanza era aguardar hasta que suficientes países en Latinoamérica cerraran sus puertas a la penetración imperialista hasta causar un colapso en la economía estadounidense. El hecho que el pueblo trabajador en ninguna parte de Latinoamérica, excepto Cuba, ha llevado aún exitosamente hasta la victoria el tipo de lucha revolucionaria necesaria para poner fin a la dominación imperialista en gran medida brilló por su ausencia.

Algunos participantes arguyeron que el capitalismo estadounidense sería lanzado a una crisis si en Latinoamérica fueran electos suficientes gobiernos de izquierda y rehusaran firmar acuerdos bilaterales de "libre comercio" con Washington o participar en el Área de Libre Comercio de las Américas. Otros señalaron a las luchas populares en Venezuela, Ecuador, Bolivia y Nicaragua como la clave para educar al pueblo trabajador en Estados Unidos. A pesar de los diferentes argumentos y énfasis, el punto en que coincidían era que no se podía esperar ninguna iniciativa por parte del pueblo trabajador dentro del bastión imperialista.

Un punto de vista contrastante fue presentado por Héctor

Pesquera, un dirigente del Movimiento Independentista Nacional Hostosiano de Puerto Rico. "La lucha puertorriqueña está vinculada a la revolución norteamericana", dijo. Pesquera resumió el deterioro de las condiciones de trabajo que enfrentan los trabajadores tanto en Puerto Rico como los puertorriqueños que viven en Nueva York. Señalando al movimiento que forzó a Washington a retirar su base naval de la isla puertorriqueña de Vieques, Pesquera dijo que ese golpe asestado a los gobernantes estadounidenses había fortalecido a los movimientos sociales en Estados Unidos.

"Voy a discrepar con lo que todos ustedes han dicho", dijo Amiri Baraka, un escritor de Newark, Nueva Jersey, al hablar desde el público. Baraka, un panelista el último día del evento, ha participado en la política nacionalista negra, maoísta y del Partido Demócrata desde los años 60. Al atacar a Sustar por no identificarse como "trotskista", y acusar falsamente al panelista George Katsiaficas de presentarse como ex miembro de las Panteras Negras, la intervención de Baraka fue la primera vez en cuatro días de debate agudo que se violó el tono de discusión cortés.

Sesión final

"La primera vez que oí el tema de este foro, creí que era una broma", dijo Steve Brouwer, un estadounidense que vive en Venezuela y que está escribiendo un libro sobre las cooperativas campesinas. Brouwer fue un panelista en la última sesión. "Pero cuando pensé más en lo que está pasando en el mundo, y escuché más a mis hermanos latinos aquí, me convencí más de que el cambio revolucionario en Estados Unidos sí es posible".

Brouwer dijo que la complacencia de la clase trabajadora en Estados Unidos en los años 20 había dado paso a las batallas obreras en los años 30, las cuales moldearon la política estadounidense por 45 años. Se refirió a un Partido

Demócrata "ligeramente progresista", influenciado por estos desarrollos en el movimiento obrero, como la clave para lo que denominó un curso progresista que terminó con la elección de Ronald Reagan en 1980.

Amiri Baraka y Amina Baraka fueron también panelistas en la última sesión.

Amina Baraka, quien se presentó como "una mujer negra que es una comunista que emplea la arena cultural", habló de su trabajo y leyó un poema.

Amiri Baraka volvió a la discusión del día anterior y discrepó con Gott y otros que negaron que ha habido dos grandes revoluciones en la historia de Estados Unidos. También discrepó con la caracterización de Sustar de la Guerra Civil como la conclusión de la revolución democrático-burguesa.

"Esa revolución jamás se ha completado", dijo Baraka. "Todavía no hay democracia para los negros". Propuso que negros y latinos, incluida una capa de la burguesía negra, se unan en torno a un programa para abolir el colegio electoral; establecer un sistema parlamentario unicameral; prohibir el "dinero privado" en las campañas electorales; hacer obligatorio el voto; y restaurar el derecho al voto de convictos de delitos graves. Tales reformas constitucionales, dijo, trasladarían el poder hacia la "democracia popular" en Estados Unidos. Entonces se podrían poner metas revolucionarias en el orden del día.

Lo que ha descarrilado todas las luchas revolucionarias pasadas en Estados Unidos, alegó Baraka, es el "privilegio blanco". Señaló, como tres ejemplos, la derrota de la Reconstrucción Radical después de la Guerra Civil, el fracaso del auge obrero de los años 30 para ir más lejos y el declive del movimiento de masas que derrocó al sistema de segregación racial Jim Crow. Por otra parte, el "privilegio blanco" y el que la "izquierda blanca" no logra combatirlo, siguen siendo el principal obstáculo para las luchas hoy día.

Baraka también reanudó su ataque contra Katsiaficas, quién como parte del panel el día anterior había hablado sobre las luchas estudiantiles asiáticas. Baraka lo acusó de ser un agente que había escogido ese tópico para intentar fomentar apoyo en Venezuela a las marchas estudiantiles contra el gobierno de Hugo Chávez.

Baraka concluyó dando lectura a "Alguien hizo volar América", del que se distribuyó una traducción al español a los participantes. Escrito por Baraka después del 11 de septiembre de 2001, el poema ofrece una larga lista de atrocidades históricas, entretejiendo retórica antiimperialista y anticapitalista con teorías de conspiración sobre la historia y el antisemitismo. "Quién decide que Jesús sea crucificado", pregunta el poema. "¿Quién sabía que el World Trade Center iba a ser bombardeado? / ¿Quién le dijo a 4 mil trabajadores israelíes en las Torres Gemelas / Que se quedaran en casa ese día? / ¿Por qué se mantuvo alejado Sharon?"

Durante el primer día del panel, un participante de Panamá había dicho durante la discusión que los judíos son el principal problema que hoy enfrenta el pueblo trabajador en el mundo porque "tienen todo el dinero" y lo controlan todo. Norton Sandler, un miembro del Partido Socialista de los Trabajadores en Estados Unidos, habló desde el público al siguiente día y señaló el peligro mortal que le presentan al movimiento obrero el uso de chivos expiatorios y el odio antijudío.

Después de los comentarios de Baraka el ultimo día, Mary-Alice Waters tomó la palabra para agradecer a los organizadores de la feria del libro "por reunir diversas fuerzas de una gama tan amplia de criterios para el debate que tuvo lugar aquí". Hizo hincapié en la importancia del debate cortés, señalando que "el veneno del *agent-baiting* o del *race-baiting* debe ser condenado por todos".[7]

Al final del foro de cinco días, Ramón Medero, presidente del Centro Nacional del Libro de Venezuela, patrocinador de la feria, expresó su agradecimiento a todos los panelistas cuyos esfuerzos habían contribuido al éxito del evento, y su satisfacción de que la feria sirviera para iniciar un debate político tan necesario.

---

7. Ver notas en las págs. 5 y 7.

"Primero se verá una revolución victoriosa en los Estados Unidos, que una contrarrevolución victoriosa en Cuba".

—Fidel Castro, Marzo de 1961

Esa afirmación audaz es tan pertinente hoy como cuando se pronunciaron esas palabras hace casi 50 años en la víspera de la ignominiosa derrota de Washington en Bahía de Cochinos.

Este libro trata sobre las luchas del pueblo trabajador en el corazón del imperialismo, sobre los jóvenes que se ven atraídos a estas luchas y sobre el ejemplo ofrecido por el pueblo de Cuba de que la revolución no solo es necesaria... se puede hacer. Trata sobre la lucha de clases en Estados Unidos, donde hoy día las fuerzas gobernantes descartan las capacidades políticas y el potencial revolucionario de los trabajadores y agricultores de forma tan rotunda como descartaron los del pueblo trabajador cubano. Y de forma igualmente errada.

Segunda edición, con nuevo prólogo por Mary-Alice Waters. US$10

Cuba
y la
revolución norteamericana que viene
Jack Barnes

www.pathfinderpress.com

OBTENGA TAMBIEN DE PATHFINDER

El desorden mundial del capitalismo

Política obrera al milenio

JACK BARNES

La devastación social y pánicos financieros, la creciente aspereza de la política, la brutalidad policiaca y los actos de agresión imperialista que se aceleran a nuestro alrededor no son producto de algo que ha funcionado mal, sino de las fuerzas reglamentadas del capitalismo. Sin embargo, el futuro se puede cambiar con la solidaridad oportuna, la acción desinteresada de trabajadores y agricultores que estén conscientes de su capacidad de transformar el mundo. US$24. También en inglés y francés.

El rostro cambiante de la política en Estados Unidos

La política obrera y los sindicatos

JACK BARNES

De la construcción del tipo de partido que la clase trabajadora necesita para las batallas de clases que vienen: batallas de clases a través de las cuales se revolucionarán a sí misma, a sus sindicatos y a toda la sociedad. Es una guía para los trabajadores, agricultores y jóvenes a quienes repugnan las iniquidades sociales, la inestabilidad económica, el racismo, la opresión de la mujer, la violencia policiaca y las guerras endémicas al capitalismo, y que están resueltos a derrocar ese sistema de explotación y unirse para reconstruir el mundo sobre bases nuevas, socialistas. US$23. También en inglés, francés y sueco.

El manifiesto comunista

CARLOS MARX, FEDERICO ENGELS

El documento de fundación del movimiento obrero moderno, publicado en 1848. Explica por qué el comunismo no es un conjunto de principios preconcebidos sino la línea de marcha de la clase trabajadora hacia el poder, que emana de "las condiciones reales de una lucha de clases existente, de un movimiento histórico que se está desarrollando ante nuestros ojos". US$5. También en inglés.

La última lucha de Lenin
Discursos y escritos, 1922–23
V.I. LENIN

A comienzos de la década de 1920, Lenin libró una batalla en la dirección de la Unión Soviética para mantener la perspectiva que había permitido a los trabajadores y campesinos derrocar el imperio zarista, emprender la primera revolución socialista y lanzar un movimiento comunista mundial. Los problemas planteados en esta lucha —desde la composición de clase del partido hasta la alianza de trabajadores y campesinos, y la batalla contra la opresión nacional— siguen siendo fundamentales a la política mundial. US$21.95. También en inglés.

Para comprender la historia
Ensayos marxistas
GEORGE NOVACK

¿Cómo surgió el capitalismo? ¿Por qué y cuándo agotó este sistema de explotación su papel otrora revolucionario? ¿Por qué es fundamental el cambio revolucionario para el progreso humano? US$17.95

The Jewish Question
A Marxist Explanation
[La cuestión judía: Una interpretación marxista]
ABRAM LEON

Plantea que las justificaciones históricas del antisemitismo se remontan al hecho que los judíos emergieron —en los siglos que precedieron al dominio del capitalismo industrial— como un "pueblo-clase" de mercaderes y usureros. Leon explica por qué los gobernantes acaudalados instigan a un renovado odio antijudío en la época de la decadencia del capitalismo. En inglés. US$20

Rebelión Teamster
FARRELL DOBBS

Las huelgas de 1934 que forjaron el movimiento sindical industrial en Minneapolis y ayudaron a allanar el camino para el Congreso de Organizaciones Industriales (CIO), según las narra uno de los dirigentes centrales de esas batallas. Primero de cuatro tomos sobre el liderazgo de lucha de clases en las huelgas y campañas de sindicalización que en gran parte del Medio Oeste transformaron al sindicato de camioneros Teamsters en un movimiento social combativo y que apuntaron en dirección de la acción política independiente por parte del movimiento obrero. US$19. También en inglés.

AMPLÍE *Su biblioteca revolucionaria*

Malcolm X habla a la juventud

Cuatro charlas y una entrevista dadas por Malcolm X a jóvenes en Ghana, el Reino Unido y Estados Unidos, durante los últimos meses de su vida. Incluye su ponencia del debate celebrado en la Universidad de Oxford, Inglaterra, en diciembre de 1964 y hasta la fecha inédita. Concluye con dos homenajes ofrecidos por un joven dirigente socialista a este gran revolucionario, cuyo ejemplo y cuyas palabras siguen planteando la verdad para una generación tras otra de jóvenes. US$15

La historia del trotskismo americano, 1928–38
Informe de un partícipe
JAMES P. CANNON

"El trotskismo no es un nuevo movimiento, una nueva doctrina, sino la restauración, el renacimiento del marxismo genuino tal como se expuso y se practicó en la Revolución Rusa y en los primeros días de la Internacional Comunista". En esta serie de 12 charlas dadas en 1942, James P. Cannon recuenta un período decisivo en los esfuerzos de construir un partido proletario en Estados Unidos. US$22

Somos herederos de las revoluciones del mundo
Discursos de la revolución de Burkina Faso, 1983–87
THOMAS SANKARA

Thomas Sankara dirigió la revolución de 1983 a 1987 en Burkina Faso. En los cinco discursos aquí incluidos, explica cómo los campesinos y trabajadores de este país de África occidental establecieron un gobierno popular revolucionario y comenzaron a combatir el hambre, el analfabetismo y el atraso económico impuestos por la dominación imperialista, así como la opresión de la mujer heredada de milenios de sociedad de clases. Al hacerlo, han ofrecido un ejemplo no sólo a los trabajadores y pequeños agricultores de África, sino a los del mundo entero. US$10

www.pathfinderpress.com

Che Guevara habla a la juventud

"Esta revolución, en caso de ser marxista... sería porque descubrió también, por sus métodos, los caminos que señalara Marx". Ocho discursos ofrecidos entre 1960 y 1964 por el legendario dirigente de la Revolución Cubana nacido en Argentina. US$15

Marxismo y feminismo

MARY-ALICE WATERS

Desde la fundación del movimiento obrero revolucionario moderno hace unos 150 años, los marxistas han impulsado la lucha por los derechos de la mujer y han explicado que la opresión de la mujer tiene sus raíces económicas en la sociedad de clases. US$18.95

La clase trabajadora y la transformación de la educación

El fraude de la reforma educativa bajo el capitalismo

JACK BARNES

"Hasta que la sociedad se reorganice para que la educación sea una actividad humana desde que aún somos muy jóvenes hasta el instante en que morimos, no habrá una educación digna de la humanidad creadora y trabajadora". US$3

La revolución traicionada

¿Qué es y adónde va la Unión Soviética?

LEON TROTSKY

En 1917 la clase trabajadora y el campesinado de Rusia fueron la fuerza motriz de una de las revoluciones más profundas de la historia. Sin embargo, al cabo de 10 años, una capa social privilegiada cuyo principal vocero era José Stalin estaba consolidando una contrarrevolución política. Este estudio clásico del estado obrero soviético y de su degeneración ilumina el origen de la crisis que hoy sacude a los países de la antigua Unión Soviética. US$22.95

Todos estos títulos también se editan en inglés.

Nueva Internacional

UNA REVISTA DE POLITICA Y TEORIA MARXISTAS

NUEVA INTERNACIONAL Nº. 6

HA COMENZADO EL INVIERNO LARGO Y CALIENTE DEL CAPITALISMO

Jack Barnes

Y "SU TRANSFORMACIÓN Y LA NUESTRA", RESOLUCIÓN DEL PARTIDO SOCIALISTA DE LOS TRABAJADORES

Los conflictos interimperialistas actuales —cada vez más agudos— los alimentan no solo las primeras etapas de lo que serán décadas de convulsiones económicas, financieras y sociales, y batallas de clases, sino también el cambio más amplio en la política y organización militar realizado por Washington desde que se fortaleció rumbo a la Segunda Guerra Mundial. Los trabajadores de disposición de lucha de clases debemos encarar esta histórica coyuntura del imperialismo, y derivar satisfacción y gozo de ponernos "en su cara" conforme trazamos un curso revolucionario para afrontarla. US$16

NUEVA INTERNACIONAL Nº. 7

NUESTRA POLÍTICA EMPIEZA CON EL MUNDO

Jack Barnes

Las enormes desigualdades existentes entre los países imperialistas y los semicoloniales, y entre las clases dentro de casi todos los países, son producidas, reproducidas y acentuadas por el funcionamiento del capitalismo. Para que los trabajadores de vanguardia forjemos partidos capaces de dirigir una exitosa lucha revolucionaria por el poder en nuestros propios países, dice Jack Barnes, nuestra actividad debe guiarse por una estrategia para cerrar esta brecha.

Incluye "La agricultura, la ciencia y las clases trabajadoras" *por Steve Clark* y "Capitalismo, trabajo y naturaleza: un intercambio" *por Richard Levins, Steve Clark.* US$14

NUEVA INTERNACIONAL Nº. 1

LOS CAÑONAZOS INICIALES DE LA TERCERA GUERRA MUNDIAL: EL ATAQUE DE WASHINGTON CONTRA IRAQ

Jack Barnes

El ataque asesino de 1990–91 por el gobierno norteamericano contra Iraq anunció conflictos cada vez más agudos entre las potencias imperialistas, el ascenso de fuerzas derechistas y fascistas, la creciente inestabilidad del capitalismo internacional y más guerras. Incluye: "1945: Cuando las tropas norteamericanas dijeron 'No'" *por Mary-Alice Waters* y "Lecciones de la guerra Irán-Iraq" *por Samad Sharif.* US$16

NUEVA INTERNACIONAL Nº. 5

EL IMPERIALISMO NORTEAMERICANO HA PERDIDO LA GUERRA FRÍA

Jack Barnes

Al contrario de las esperanzas imperialistas al comenzar los años 90, en la secuela del colapso de regímenes en toda Europa oriental y la Unión Soviética que se reclamaban comunistas, los trabajadores y agricultores no han sido aplastados. Tampoco se han estabilizado las relaciones sociales capitalistas. El pueblo trabajador sigue siendo un obstáculo tenaz al avance del imperialismo, obstáculo que los explotadores tendrán que enfrentar en batallas de clases y en guerras. US$15

NUEVA INTERNACIONAL Nº. 4

LA MARCHA DEL IMPERIALISMO HACIA EL FASCISMO Y LA GUERRA

Jack Barnes

"Habrá nuevos Hitlers, nuevos Mussolinis. Eso es inevitable. Lo que no es inevitable es que triunfen. La vanguardia obrera organizará a nuestra clase para combatir el terrible precio que nos imponen los patrones por la crisis capitalista. El futuro de la humanidad se decidirá en la contienda entre estas dos fuerzas enemigas de clase". US$17

NUEVA INTERNACIONAL Nº. 2

CHE GUEVARA, CUBA Y EL CAMINO AL SOCIALISMO

Artículos por Ernesto Che Guevara, Carlos Rafael Rodríguez, Carlos Tablada, Mary-Alice Waters, Steve Clark, Jack Barnes

Intercambios de los primeros años de la Revolución Cubana y actuales sobre las perspectivas políticas que Che Guevara reivindicó al ayudar a dirigir al pueblo trabajador a impulsar la transformación de las relaciones económicas y sociales en Cuba. US$14

La Primera y Segunda Declaración de La Habana

En ninguna parte se abordan con mayor franqueza y claridad los problemas de estrategia revolucionaria que hoy día afrontan hombres y mujeres en las primeras filas de luchas en América que en estos dos documentos, aprobados cada uno con la fuerza de asambleas de un millón de cubanos en 1960 y 1962. Estas intransigentes condenas del pillaje imperialista y de "la explotación del hombre por el hombre" se mantienen como manifiestos de lucha revolucionaria del pueblo trabajador en todo el mundo. US$10

Nuestra historia aún se está escribiendo

La historia de tres generales cubano-chinos en la Revolución Cubana

Armando Choy, Gustavo Chui y Moisés Sío Wong hablan sobre el papel histórico de la inmigración china a Cuba, así como de más de cinco décadas de acción e internacionalismo revolucionarios, desde Cuba hasta Angola, y hoy Venezuela. A través de sus historias percibimos las fuerzas sociales y políticas que dieron origen a la nación cubana y abrieron la puerta a la revolución socialista en América. US$20

Playa Girón/Bahía de Cochinos

Primera derrota militar de Washington en América

FIDEL CASTRO, JOSÉ RAMÓN FERNÁNDEZ

En menos de 72 horas de combate en abril de 1961, las fuerzas armadas revolucionarias de Cuba derrotaron una invasión de 1500 mercenarios. Al hacerlo, el pueblo cubano sentó un ejemplo para los trabajadores, agricultores y jóvenes en todo el mundo: que dotados de conciencia política, solidaridad de clase, valor y una dirección revolucionaria, se puede hacer frente a un poderío enorme y a probabilidades aparentemente irreversibles, *y vencer.* US$20

www.pathfinderpress.com